Elisabeth Strixner

WELTENTÄNZER

Gedichte von der Trennung zur Einheit

Ich widme dieses Buch Rüdiger Lang,

meinen Eltern

meiner Schwester

und allen Seelen auf ihrem Weg ins Licht.

Elisabeth Strixner ist Diplomkulturwirtin, Auratherapeutin und Sprach(en)freundin mit eigener Marketing & Beratungsfirma www.soul2soulmarketing.de.

Sie lebt, schreibt und arbeitet in München.

Herstellung und Verlag:

Books on Demand GmbH, Norderstedt

ISBN 978-3-8391-1267-0

Die Freude kennst du nicht,
wenn du nur Freuden kennest.
Dir fehlt das ganze Licht,
Wenn du's in Strahlen trennest.
Friedrich Rückert

Ich kehre in mich selbst zurück und finde eine Welt.

Johann Wolfgang von Goethe

VORWORT

Wenn uns manchmal Himmel und Erde so nah, alsdann doch so fern erscheinen...

Wenn uns das Leben beglückt und manchmal erschrickt...

Wenn wir in einem Moment unser Herz offen halten und berauscht sind vom Glück des Einheitsgefühls, und dann hinabstürzen, uns verschließen und uns getrennt fühlen....

Wenn wir um den Weg wissen, der zurück führt zur Heimat, und doch oft das Auf und Ab des Leben als Wirklichkeit akzeptieren...

Wenn wir schon ahnen, dass Leben nichts als zu leben bedeutet...

Wenn wir erwachen wollen und zugleich begreifen, dass das Wollen dem Erwachen entgegensteht...

Wenn uns das Ich, welches in die Welt blickt, ein merkwürdig, unsicheres Ding dünkt, und wir trotzdem große Kraft in uns spüren...

Dann ist es beruhigend, tröstend, erbaulich und ermutigend einzutauchen in Gedichte, die dieses Ringen widerspiegeln. Ein Ringen um Wahrheit und Liebe.

Diese Gedichte reflektieren Licht und Schatten, sind Momentaufnahmen des Lebens, beseelt von Sehnsucht nach reinem Sein.

Mögen Sie Ihnen Freude und Inspiration sein auf Ihrem Weg von der Trennung zur Einheit!

Elisabeth Strixner

München im Juli 2009

Die Welt ist schön, die Welt ist gut, gesehen als Ganzes,
Der Schöpfung Frühlingspracht, das Heer des Sternentanzes,
Die Welt ist schön, ist gut gesehn im einzelt Kleinen;
Ein jedes Tröpfchen Tau kann Gottes Spiegel scheinen.

Friedrich Rückert

SEELENFEUER

Von Sehnsucht geschürt

Rosentau hat meinen Geist berührt

Die Herzenswiege

Als Sonnen-Gold-Schmiede

Durch die Lebenswassertaufe

In die Jetzt-und-immer-Schlaufe

Lichtgenährt

Heil und unversehrt

Gottdurchwirkt und high

Liebessatt mit 1000 Watt

Frei und glückselig

Immer und ewig

Von Klarheit umweht

Im Erdenrhythmus geht

Meine Seele zu Dir.

IM NETZ

Bin ich

die Spinne im Netz meiner Gedanken von Gestern und
Heute

Oder ihre hilflos zappelnde Beute?

Ergibt meine Suche eine sehnsuchtsvolle Melodie

Oder zeugt sie von Unrast nur und Disharmonie?

Warum

Kondensiert mein Empfinden sogleich zu mentalen
Konstrukten

Gebe ich keinen Raum dem Spontanen und Verrückten?

Verdampft meine Lebensenergie

Warten Mattheit und Schizophrenie?

LAU

Wir haben die Welt mit unserer Wahrheit tapeziert
Wände aus Willkür gesetzt
Aus Angst vor Grenzenlosigkeit
Liebe wie Blumenzwiebeln gepflanzt
Sporadisch gegossen
In einem zu engen Topf
- Halbschattengewächs -
Luft ist lau von Freundlichkeit
Begeisterung läuft auf Zimmerlautstärke
Eiswürfel in unserem Liebescocktail
Visionen im Bausparvertrag festgeschrieben
Müdigkeit schwemmt all die großen Schauer hinweg:
Angst, Freude, Hass und Lust
Gleichgültigkeit tröpfelt in ein trübes Becken
Aus vergessner Lebendigkeit
Verdünnt Ehrgeiz, Neugier und Lachen

Irgendwo, irgendwann, irgendwie
In Mittelmäßigkeit stecken geblieben.

WEITES LAND

Weites schönes Land meiner Träume
Erzähl mir von meiner Seele
Von meinem Geschick!
Dass ich nicht zaud're
Dass ich nicht säume
Die Wahrheit im Blick
Mit all meinen Schatten und Schanden
Mit all meinen Verstrickungen
Unnötig fesselnden Banden
Mit allem Schaudern
Allen Lügen und Schäumen
Lass mich erwachen
Lass mich auch träumen!

SONNENLIEBEATMUNG

Brodelnde Begeisterung spüren

Alle Momente zu Sternstunden küren

Sprühend lebendig

Sonne inwendig

Das Leben vibriert

Habe Gott inhaliert

Freude in all meinen Zellen

Die Lust kommt in Wellen

Ganz sich dem Leben hingeben

Sich mit dem Kosmos bewegen

Die Welt mit Regenbogenfarben bemalen

Sonnenliebe atmen und ausstrahlen.

FRÜHLING IM PARK

Azurblaue Gedankenblasen
Tanzen über sprießenden Rasen
Fliegen über der Fontäne Strahl
Unfassbar an Form und Zahl

Schauend ring' ich nach Worten
Will Bilder messen und orten
Gefühlssturm darf unbesprochen nicht sein
Wolkenturm trübt Sonnenschein

Lass ihn vorüberzieh'n und treiben
Ein wenig noch staunen, ein bisschen noch bleiben
Überall hört man's raunen
Kann es nicht wissen kann es nur ahnen…

Das Frühlingsversprechen.

PHÖNIX DER LIEBE

Wellen der liebe branden heran

Züngeln an abgesichertem Terrain

Betreten der geordneten Verhältnisse verboten!

Kein Leben jenseits von Normen ausloten

Lust und Begeisterung erfolgreich verbannt

Nerven aufs Äußerste gespannt

Wille baut Mauern und Schächte

Für alles Edle und Gute, für alles Verderbte und
Schlechte

Doch die Neugier schürt ein Feuer

Lockt das unbekannte Ungeheuer

Ich will mich wärmen, nicht aber brennen

Möchte spüren, erfahren, erkennen

Leb Dein Begehren!

Lass Dich verzehren!

Ein wenig musst Du auch sterben.

VERTRAUEN

Vertrauen...

Sich in die Augen schauen

Den Zauber wirken lassen

Das Glück kaum fassen

Ohne Warum ohne Morgen

Sich ein Stück Freiheit borgen

Leben erfüllt mich

Liebe umhüllt mich

Grenzen lösen sich auf

Bestimmung nimmt ihren Lauf...

WOLLEN ODER LASSEN

Nach Erkenntnis streben
Oder einfach so leben?

Mit Disziplin zu Weisheit letztem Schluss
Oder schicksalsergeben im Fluss?

Lernen, wachsen, weiter schreiten
Oder nur den eignen Blick ausweiten?

Sich dem Guten, Wahren, Schönen zuwenden
Oder alles Urteilen und Wollen beenden?

Einsatz für die gerechten Sachen
Oder über Glück und Leid gleichsam lachen?

Lassen oder wollen
Dürfen oder sollen?

Stets sein Bestes geben
Oder einfach nur leben?

FLÜSSE

Das ist die Idee des Lebens - Das muss sie sein!

Wie herrlich, den Flüssen zuzusehen!

Schlängelnd und weich jedes Hindernis überwinden,

Umspülen, beharrlich abtragen

Seine eigene Lebensspur eingraben

Im Fluss sein, fließen, loslassen, strömen

Sanft, mächtig und stet.

Wie herrlich ist es, den Flüssen und Bächen zu lauschen!

Der Ewigkeit verheißungsvolles Rauschen

Dort, wo wir sie lassen

Klar, unschuldig, ausgelassen

Freudvoll gurgelnd - fröhlich murmelnd

Tanzen auf den Wellen

Furchtlos vorwärtsschnellen

Ohne Zögern oder Rast

Doch ohne jede Hast

Wie herrlich ist es, die Flüsse zu spüren!

Hineinzusteigen, unterzutauchen

Mitzufließen, mitzuströmen

Zu einem Ziel, das zugleich Quelle ist.

Fern, unbekannt, und doch erwartet voll Sehnsucht und
Vertrauen

Ströme!

Der Mensch besteht aus zwei Teilen:
einer wacht in der Dunkelheit,
und der andere schläft im Licht

Khalil Gibran

TROMMELTRANCE

Weit trägt der Trommelschall
Klangwelten aus altem Geist geboren
Rühren mich ein ums andre Mal
Bin ich erwählt? Bin ich verloren?
Nur Fragen, nie Antworten
Zaghaftes Klopfen an himmlischen Pforten
Schreite aus, meine Seele!
Lebe, befrei dich, entscheide und wähle!
Trauer und Hoffnung, umfangt mich!
Potenzial, offenbar dich!
Ist es recht genussvoll zu leben
Mal zu nehmen, dann wieder zu geben?
Mal zu zaudern, mal sich zu plagen
Zu schaudern, zu hadern, zu wagen?
Sich gar maßlos zu zerstreuen
Sich an der Welten Irrlichter zu erfreuen?
Dann wieder leise werden und wahrlich still
Gott zu fragen, was er will?
Trommeln, lasst mich schlafen und träumen
Ich will nicht strafen, will nicht säumen
Sinn nicht vertagen, nicht delegieren
Mich mit der Welt vertragen
Verzweiflung sublimieren
Hoffnung schöpfen und vorwärts schauen
Fragezeichen köpfen und wieder vertrauen.
(will brav inkarnieren - Nichts mehr kapieren)

WELTENTÄNZER

Himmelstore durchstürmen

Durchschreiten, durchtanzen

Beglückt, berauscht

Heimat, die high macht

Sendet mich wieder zurück

Reist mit mir im kosmischen Handgepäck

Begleitet mich nun in jeder Zelle

Bin zu Hause in beiden Welten

Hilft mir meinen Tanz zu tanzen

Auf festem Grund

Die Erde zum Himmel zu machen

Glückselig die Tänzer!

Die Welt emportragen zu Gott,

und Gott hinein in die Welt.
Ein Anwalt der Menschen bei Gott,
und ein Bote Gottes,
der Frieden bringt, den Menschen.

Karl Barth

LICHTGEBET

Göttliche Lichtkraft möge mich…

…nähren, durchfluten, tränken
Erfüllen, stärken, beleben, durchweben
Umwogen, umspülen, benetzen
Streichelzart berühren
Und dabei elektrisieren
Heilen, erwecken, entfalten
In Freude, Liebe und Licht.

Nicht mehr
Ich.

ZEIT UND EWIGKEIT

Tief in mir werden mir meine Erinnerungen fremd
Und gehören mir zugleich alle Gedanken
Die jemals gedacht
Das Fühlen hört auf und der Schmerz
Die Gier ertrinkt, und die Angst ringt nach Luft.
Mein Verstehen weitet sich, weitet sich
Bis die Wellen im Nichts verebben
Ich schwebe, und die Zeit
Hält den Atmen an für einen Moment der Ewigkeit.

ALLES

Sieh den Baum, den ewig Verwurzelten

Und sieh Deine Wut, die flüchtig-zornige Wolke

Nimm Sie an!

Freu Dich am Rauschen des Windes und dem Gesang
der Vögel

Wie an der Melodie Deines Herzens

Und dem Gewebe Deiner Träume.

Schicke Deine Liebe aus und finde sie

In allem wieder, das dich umgibt

Empfange den Hass und die Angst

Nimm dich in allem an!

Und während du siehst, wie alles zusammengehört

Stirbt Dein Ich

Stirbt das Gestern und Morgen.

AHNUNGSVOLL

Am Wegrand achtlos

Geschieht es, ein Menschenleben

Sich ewig wiederholend

Wie die Meereswogen

Die schon von so vielen betrachtet

Unterm Sternenhimmel

Der so oft herabgewünscht

Menschenstaub sich dem Sand zugesellt

Während ihre Seelen mit den Gestirnen leuchten

Klein, ganz klein

Aber eine unendliche Ahnung.

HERBSTZAUBER

Nebelstreifen dicht überm Gras

Aus dem Bäume wie Inseln wachsen

Das letzte Orange rieselt aus den starr-schwarzen
Gestalten

Rieselt unaufhörlich wie im Stundenglas

Die frostige Silberspitzendecke

Schwebt auf dem bronzenen Laubteppich

Zaubermomente schenkt uns der Tag im späten Herbst

Ehe der lachsfarbene Sonnenuntergang

Im malvigen All lautlos erlischt.

FRÜHLINGSMUT

Jeder friert in seinem eigenen Winter
Schneeerstickte Seufzer, kalte Mauern aus Gedanken
Gefühle, fast abgetötet, in Reih und Glied
Deine Wahrheit noch in festem Winterschlaf
Leidenschaft ohne Bewusstsein

Die Ahnung von Freiheit macht Kopfweh
Das Wissen um das Meer aus Freude und Liebe
In dem zu schwimmen du nicht gelernt
Erzeugt die Tränen, die nur innerlich fließen
Und die zartgrüne Suppe der Hoffnung trotzig versalzen

Frühlingsmut im Blick und einen Funken Verlangen
Gespeist von einer tiefen, heißen Quelle, so tief
Gefrorene Angst nur langsam taut
Verleiht dem Herzen eine Gänsehaut
Wird zum freudvollen Schauer

Wärmer wird's
Lustvolles Kribbeln beginnt zu zirkulieren
Die Seele sich zu artikulieren
So träumt die Zuversicht vom Frühling
Träumt unbeirrt ihren grünen und sonnigen Traum.

O Herz, habe Mut!

GOLDLICHT / LICHTGOLD

GOLD regiert die Welt, nicht Geld!

Flüssiges Licht

Ohne Gewicht

Wie die Liebe schwebend

Goldenes Liebeslicht - lebend.

WELTATMUNG

Augen schließen, nur ausatmen

Loskommen von diesem Gedankenstrom

Ziehen lassen das Gestern und Morgen

Eintauchen in grenzenlosen Raum

Dein Blick atmet Weite

Wird weich, urteilt nicht mehr

Einatmen

Kraft kommt in Strömen

Bringt Ruhe und Freude mit

Visionen tanken Sauerstoff

Die Perle deiner Seele sonnt sich in Begeisterung

Sonne und Mond tanzen ihren lachenden Rhythmus

Weiter atmen, immer weiter, aus und ein

Ebbe und Flut im Weltenraum

Atemwellen

Zeit schmilzt zum Ursprung

Dehnt sich zur blauen Ewigkeit

Weltenatem

Der Kosmos ist aus Liebe gewoben

Du bist. Ich bin.

Verbunden im Atmen

Du bist ich bin Du

Bin alles

ICH BIN

AUSGLEICH

Mit der Ebbe atmet ein das Meer
Und erlebt in der Flut seine Wiederkehr

Der Erden Blut trinken gierig die Blumen und Bäume
Und bescheren uns überreiche Laub- und Blütenträume

Wasser aus der Quelle fließt
Die vom Regen gespeist

Von der Muse inspiriert
Hat der Künstler ein Meisterwerk inszeniert

Uns zur Erbauung, damit wir selbst schöpferisch seien
So ließe sich das Auf und Ab weiter reihen

Alles will Ausgleich
In Gottes Reich
Den Frieden des Gleichgewichts
In Fülle und Nichts.

SPIEGELBILD

Spiegelbild im Wasser des Lebens
Erfreut sich so lang schon an seinem Widerschein
Wird müde nun, will untergehen
Abendwind frischt auf
Da zieht es Wellenkreise, immer größer
Strebt weit hinaus – stets schwächer
Kämpft, zappelt, schreit, gibt auf zuletzt
Keine Kraft für Hoffnung mehr
Treibt bäuchlings so vor sich hin
Die Richtung bestimmt der Wind
Dieser launische Gott
Heftig stürmt es nun am Ende des Tages
Spiegelbild kentert, stürzt und sinkt
Taucht in Tiefen
Die nie ergründet, stets negiert
Erschrickt, erschaudert - bodenlos
Und ist doch wundersam erstaunt
Es wird getragen, schwebt, kann wieder sehen
Welten von fremder Dimension
Schätze aus Gold und Wahrheit
Niemals werden sie das Tageslicht erreichen
Sind zu schwer, sind zu zart, sind zu echt
Aber das Spiegelbild, klar und gekräftigt
Aufersteht.
(Es zwinkert dir zu)

LEBENSWEG

Es ist das menschliche Leben

Ein magischer Tanz

Von Geben und Nehmen

Von Nähe und Distanz.

Wie unten so oben

Ist doch dual gewoben

Der Weg zur Einheit

Zu Frieden und Weisheit

Lässt sich nicht definieren

Du musst ihn probieren

Lass Dein Streben

Beginn zu er-leben

Lass deinen Blick ausweiten

Den Weg, du musst ihn beschreiten

Ihn ertasten, erspüren

Ihn dabei erschaffen, kreieren!

DAS GLÜCK

Im Kreuzpunkt von früher und später
Und geben und nehmen
Zwischen gut und schlecht
Gemein und gerecht
Irgendwo zwischen weicher und härter
Im Zentrum des Lebens
Steht eines Punktes Idee
Das ewige Jetzt und Hier

Sag allen Extremen ade
Gehe vom Ich zum Wir
Begrüße Schatten und Licht
Negiere das Nein
Und sage auch dazu ja
Sei mit dem Sein im Gleichgewicht
Umarme das Warten, Scheitern und Zweifeln
Entlarve den Schein!

Ich Bin, und das Glück ist da.

DIENEN

Geben aus dem Herzen
Mit anderen weinen und scherzen
Mit ihnen fühlen und lachen
Für sie Sachen kaufen und machen
Mit ihnen hoffen und warten
Sie, trösten, halten, beraten
Ihnen Dinge schenken, Zeit und Worte
Sie besuchen an fernen Orten

Geben bereitet Wonnen
Doch denk an den Brunnen
Der allzu schnell leer
Hat er den Zufluss nicht mehr.

DEIN ERBLÜHN

Schwebend fällt das Blatt
Schön in seiner kargen Struktur und fahlen Farbharmonie.
Sei nicht ängstlich ob des Fallens
Nicht traurig ob des Vergehens!
Kannst Du's nicht ahnen? Kannst Du's nicht sehen?
Frisches, lebensstrotzendes Grün bricht sich Bahn
Sprießendes junges Blattwerk, Knöspchen zart und kühn
Voller Leben steckt der alt geglaubte Baum
Sicher gibt er sich dem Kreislauf hin, wie in einem Traum
Sieh auch Du den Kreislauf!
Spür auch Du die Erneuerung!
Umwandlung ruft der Baum Dir zu
In allem Frieden, aller Freud' und Ruh'
Es ist so einfach – zwei Dinge nur will's:
Das Nähren und das Schützen
Nahrung annehmen von Mutter Erdens reichem Grund
Nähren von oben, sich durchfluten lassen mit Sonne
Herrlich! Und göttlichem Licht
Dem All-Durchtränkenden, All-Belebenden, der All-einen Kraft
Nähren sodann von innen
Durch des Geistes positiver Gestaltungsmacht
Fühlst Du's schon
Wie Kraft und Licht Dich erfüllen?
Nun lass dieses Licht geschützt sein nach Bedarf
Auch dieser Schutz ist Licht
Ist der Engelreigen um den Baum
Ist das Siegel um das vertrauensvolle Leben
Da herrscht Freude bei den Engeln
Lässt gar Musik erschallen
Himmlische Sphärenklänge feiern den Tanz der liebenden
Hingabe Gratulieren zur Erneuerung
Schutz spenden sie und Trost und Frieden
Ach, wie ist das gut!
Und hast Du nun die Fülle ganz verankert
Bist genährt und geschützt zugleich
Ja dann lass erstrahlen Deinen Schatz!

Es harrt die Welt auf Dein Erblühn.

GOLDROSEN DES ALLTAGS

Kennst du die Tage,
An denen die Dinge wie mit Goldstaub bedeckt
Frisch und heilig leuchten?
Gottes Liebestau hat sie benetzt
Und macht sie neu und jung,
Uns zur Freude und Erquickung

Kennst du den Rosenduft
Kostbar und betörend
Den alles atmet
Das liebt und wieder geliebt ist?
Gülden erblühen die Wesen und Dinge dann
Werden transparent
Und erstrahlen in ihrem eigenen Licht
Eins mit dem Geist, der uns alle verbindet.

Solch einen Goldlicht-Rosentau-Tag
wünsch' ich Dir heut!

VON SINNEN

Lass mich sehen
Was der Schleier verhüllt
Und Seele und Herz allzeit ersehnen
Was in Ewigkeit gilt

Öffne meine Ohren für Klänge
Der himmlischen Ränge
Sie allein sind angetan mein Herz zu erweichen
In all dem Wahn mein Innerstes zu erreichen

Lass alle Erinnerungen verblassen
Durch der Gegenwart gleißendem Schein
Gern will ich vom Erdentand lassen
Erfüllt das Entzücken mein Sein

Rühre mein Herz an
und bring es sodann
Zum Singen
Zum Klingen!

Das Leben ist ein Spiel im Kindergarten der Ewigkeit.

Helga Schäferling

Danksagung

Ich bedanke mich bei Gott, der mir die Freude am Schreiben ins Herz gelegt hat, bei all meinen menschlichen und himmlischen Wegbegleitern, die mich be-flügeln, inspirieren, bestärken und unterstützen.

Ich bin gesegnet.

Danke